바다에 꽃을 심다

리토피아포에지 · 145
바다에 꽃을 심다

인쇄 2023. 5. 20 발행 2023. 5. 25
지은이 이외현 펴낸이 정기옥
펴낸곳 리토피아
출판등록 2006. 6. 15. 제2006-12호
주소 21315 인천광역시 부평구 평천로255번길 13, 903호
전화 032-883-5356 전송032-891-5356
홈페이지 www.litopia21.com 전자우편 litopia@hanmail.net

ISBN-978-89-6412-181-8 03810

값 12,000원

이외현 시집

바다에 꽃을 심다

리토피아
LITERATURE & UTOPIA

시인의 말

얼마 후면
십수 년 다닌
두 번째 일터의 문을 나선다.
잘 마칠 수 있음에 감사하고
이제 새로운 여유를 꿈꾼다.

못난 자식처럼
오래 품고 어루만지다가,
낡고 닳아버린 시를
두 번째 시집으로 묶어
종이비행기에 실어 보낸다.

심호흡 크게 하고 가벼운 마음으로
다시 새로운 행성을 탐험해야겠다.

2023년 여름
이외현

차례

제1부

제2부

제3부

제4부

| 제1부 |

바다에 꽃을 심다

파도가 무너지는 밤에
토담이 쿨럭쿨럭 몸살을 앓고
주인 잃은 초가집은 맥이 풀려
땅바닥에 주저앉는다.

가느다란 문살이 바람에 떨고
녹슨 대문은 삐걱삐걱 목쉬게 울고
초가지붕에는 잡초가 한가득
마당에는 소문들이 술렁인다.

어린 참새가 비를 물어오면
가지마다 하얀 감꽃이 피고
선착장에 아른거리는 그림자가
너울너울 바다에 꽃을 심는다.

참새의 하루

날개 접고 자울자울 조는 사이
숲에 데려갈 하루가 도착한다.
짹짹거리는 참새 떼 속에서
간혹 지지배배 낯선 소리 들리고
은행나무 가지에 앉아 부리로
할 일을 콕, 콕, 날개에 적는다.

가을볕에 은행이 툭, 떨어지고 참새 떼가 부스럭, 날아오른다.
동에 번쩍, 서에 번쩍, 먹이를 찾는 짹짹 소리 요란한데
가상공간 허방을 짚으며 깃을 치던 날개가 지쳐 고단하다.
해 질 녘 은행을 쪼다가 퉤퉤 뱉고 숲을 나갈 준비를 한다.
작아진 하루가 타작마당에 내리고 곡식 낟알이 흩어져 있다.
허기를 물고 내려앉은 참새 떼 허겁지겁 코 박고 입 채운다.
오늘이 잘려가며 뜨는 달이 지는 해에게 가위표를 한다.

아빠와 고모

아빠는 인천에 직장이 있지만 집에서 다니는 게 멀어 고모 집에 산다. 가끔 집에 와 빨래를 하고 집도 치우지만 잠은 자지 않는다. 삼 년 전부터 혼자 살기 시작하여 홀로서기에 익숙해진 초등학교 3학년생에게 아빠는 엄마가 미국에 있다고 말해주었다. 미국 간 엄마는 가끔 전화가 오지만 찾아오지는 않는다. 오늘도 학교에서 친구들과 싸웠는데 분이 가라앉지 않는다. 고래고래 악을 쓰며 팔을 물어 분노를 씹었다. 이주 째 아빠가 오지 않는 집은 더 이상 들어앉을 공간이 없다. 이불은 그냥 펼쳐져 있고, 옷가지가 널브러져 있고, 과자봉지가 뒹굴어 다닌다. 발로 톡톡 차며, 질겅질겅 밟으며, 후미진 자리로 가 티브이를 본다. 며칠째 번개가 치고 폭우가 쏟아지는 밤을 웅크린 채 홀로 견딘다. 아빠는 오늘도 전화만 하고 아는 고모집에서 잔다.

아빠는 휴식 중

방학인데 아침 일찍 아이가 찾아왔다. 돌봄 교실에 문이 잠겨 있어서 왔어요. 아침밥은 먹었니? 고개를 수그린다. 컵라면에 뜨거운 물을 부어준다. 아빠는 뭐 하시니? 택시 운전이요, 새벽에 들어와요. 밤에 손님들이 많대요. 아침에는 아빠를 깨우면 안 돼요.

점심쯤에 녀석이 또 나타났다. 우리 아빠한테 전화 좀 할게요. 아빠가 전화를 안 받아요. 또 자고 있나 봐요. 집에 가서 밥 먹고 오면 되겠네. 아침에 나올 때 열쇠를 안 가지고 나왔어요. 벨을 누르면 되잖아. 주인집에서 안 열어 줘요. 아이에게 내 도시락을 내민다.

다음날 점심시간, 또 녀석이다. 우리 아빠가 또 자요.

나른한 오후, 갸르릉 끼잉낑

고양이가 음식물 쓰레기 봉지에 일격을 가하자
숨죽이고 있던 토사물이 주르륵 쏟아진다.
털이 엉겨 붙어 눈썹 커튼을 친 강아지가
한쪽 다리를 절며 터진 오물 주변을 맴돈다.
고양이가 갸르릉거리며 강아지를 위협한다.
강아지는 달아났다가 이내 끼잉낑 다가온다.
고양이가 한 번 더 이빨을 세워서 위협한다.
강아지는 더 멀리 달아났다가 다시 끼잉낑 다가온다.
어미가 버렸는지, 제가 집을 나왔는지,
주인에게 쫓겨났는지는 알 수 없다.
고양이는 몇 개의 생선 뼈와 햄을 주워 먹고
빳빳한 수염 내리고 치켜세운 꼬리 내리고
슬며시 물러난다.

물러가면서 자꾸 돌아본다.
모퉁이를 돌면서 또 돌아본다.

포도 한 알 뒹굴고

포도 한 알이 굴러가더니 거름망 속으로 빠진다.
썩어가는 채소 퀴퀴한 잡냄새가 함께 버무려진다.
물기 빠진 찌꺼기를 음식물 쓰레기통에 버리자
고양이가 뚜껑을 열고 슬그머니 포도를 꺼낸다.

포도는 자동차 경적에 놀란 고양이 손을 빠져나온다.
강아지가 잡으려다 놓치고 경비원 가랑이를 지나서,
자전거 바퀴 사이를 지나고 아파트 정문을 나와서,
도로로 굴러가고 달려오는 버스 밑으로 들어갔다가,

내리는 사람을 피해 하수구로 떼구르르 굴러떨어진다.
아무도 관심이 없는 포도 한 알의 그저 그런 질주다.

개미의 오지랖

접시꽃 줄기 벽지를 타고 부지런히 올라간다. 벽 틈에 먹이를 감추고 내려오는 녀석과 외길에서 만난다. 둘 다 앞만 보고 전진하다가 쾅, 하고 부딪힌다. 잠시 주춤한다.

천장 몰딩을 가로지른 페로몬 길을 따라 구멍으로 간다. 마주 오는 녀석과 쾅, 하고 부딪힌다. 잠시 멈칫거리다가 한 녀석이 길을 열어 주고 또 제 갈 길을 간다.

수개미가 여왕개미의 페로몬을 따라 사랑을 배달하러 간다. 일개미는 친구의 길잡이 페로몬을 따라 부스러기를 나른다. 병정개미가 동료 개미들에게 비상경보 페로몬을 발사하며 개미귀신의 침입을 알린다. 비상이다.

개미는 다른 개미를 위해 길을 내어주고 기꺼이 페로몬을 방사한다. 참, 오지랖이 넓다.

잃어버린 것에 대하여

늘어진 몸을 돌돌 말고 앉아서 빈 화면을 바라본다.
왜 앉아있는지 무엇을 하려고 했는지 알 수가 없다.
무슨 말을 꺼내야 할지 어떻게 말해야 할지 잊었다.
어화둥둥, 도둑맞은 곳간처럼 머릿속이 텅 비었다.

티브이를 켜니 오디션 참가자에게 심사위원이 말한다.
교회 오빠 같은 착한 이미지에서 벗어날 수는 없나요.
나이트클럽에서 노는 오빠 이미지를 보여줄 순 없나요.
한 가지 색깔 말고 다양한 색깔로 노래할 수는 없나요.

본능을 지하의 무저갱으로 밀어 넣은 자아는 꼭두각시,
세상의 책들이 던지는 세뇌의 올가미에 갇혀 색맹이 된다.
무채색 표정과 경계를 넘지 않는 절제된 최면의 상태,
검은 것도 희고 흰 것도 희다고 믿습니다. 할렐루야 아멘.

지하에서 솟구치는 마그마는 용광로에서 벼린 본능이다.
쇠사슬에 봉인된 주문을 날름거리는 혓바닥으로 녹여라.
터져라 화산이여, 솟구쳐서 용암을 천지로 흘려보내라.

번개

바람과 먼지가 낙엽을 굴리며 공중그네를 타고
용이 서커스장의 천막을 찢고 마천루를 쌓는다.
마천루를 하늘 끝까지 쌓았던 외계인이 있었다고
사막여우 입에서 귀 다시 입으로 모래가 서걱인다.

천만 마리 두더지가 발톱이 다 빠지게 땅을 판다.
가리개를 살짝 얹어놓고 손 가리고 하늘이라 하고
사다리를 살짝 덮어두고 발 가리고 땅이라고 한다.
하늘과 땅 사이 둥근 발 달린 큰 지네가 지나간다.
수억 년 전 인력거를 만들었던 유인원도 있었다며
카멜레온의 몸통에서 꼬리, 다시 몸통으로 전해진다.

번개가 감히 하늘의 코털을 뽑고 땅의 거웃을 태우자
사막여우의 귀가 파랗게 질리며 이 빠진 비명을 지르고,
카멜레온의 몸이 오아시스가 되고 꼬리는 선인장이 된다.

호랑거미

꽃바람 꿀벌이 발을 헛디뎌 버둥대자
가야금에 몸 실은 호랑거미 다가온다.
지그재그 줄을 튕겨 꿀벌을 연주한다.

그늘진 나무숲에 진양조가 출렁인다.
하얀 줄에 붉은 소리 죽죽 뻗어가고
검푸른 곡조가 입에 송알송알 맺힌다.
중중모리장단이 점점 몸통을 죄어오고
어금니 휘몰이장단 앞에 맥을 놓친다.

파르르 떨다가 이내 숨이 고요해지고
명주 수건 휘돌리는 살풀이 춤사위에
훠이훠이 생사生死의 쌍무지개가 뜬다.

갯벌에 말조개가 없는 이유

포개진 입술 무게 견디지 못하고 말조개의 터진 입으로 말言이 줄줄 샌다. 밀물이 찢어진 그물망에서 샌 설익은 말들을 갯벌에 패대기친다. 수평선은 말을 붙잡지 않았다. 버림받은 말이 뒷걸음치며 농게 몸통을 지르밟는다. 갯벌에 박힌 농게가 집게발을 들어 말을 자른다. 파도에 떠밀려온 다시마가 조각난 말을 덮는다.

갯벌 여기저기에서 구멍들이 술렁인다. 토막 난 말 주워 먹은 망둑어가 뛴다. 고둥이 입술 부르르 나팔을 분다. 다리를 휘저으며 낙지가 펄을 찬다. 방게는 보글보글 게거품을 문다. 함초가 절레절레 고개를 흔든다. 갯것이 들썩들썩한다.

구멍마다 재갈을 물려라.
말조개*를 영구 추방하라.
말조개가 사라진 갯벌에서는 지금,
고막 두드리는 꼬막의 수다가 한창이다.

* 말조개 : 하천이나 개울, 농수로에 서식하는 민물조개.

버드세이버*

서대전 톨게이트 부근 방음벽 아래 새들의 무덤이 있다. 숲을 보고 날아오른 오색딱따구리, 직박구리, 참새들이 투명 방음벽에 머리를 부딪쳐 떨어진다. 방음벽은 도심 하늘에 사는 새들에게는 보이지 않는 지옥문이다. 부딪쳐 떨어지고서야 비로소 안다.

어느 날부터 방음벽에 발톱을 세우고 날개를 펼쳐 날고 있는 독수리들이 나타났다. 새들은 날갯짓을 쳐 독수리 방음벽을 훌쩍 뛰어넘어 허공으로 날아간다. 새들에게 독수리는 눈에 보이는 지옥문이다. 간담이 서늘하였으나 아직 살아 있는 이유를 알 리가 없다.

* 버드세이버 : 새들이 무서워하는 맹금류 모양의 대형 스티커.

봄, 팥쥐

아이 돌팔매질에 참새가 파드득 날고
아비 재채기에 초승달이 부르르 떨고
갈잎 몇 장이 놀라서 파르르 떨어진다.

겨울 숲, 이른 달빛은 한기를 토닥이고
눈보라가 날아올라 나뭇가지 덮어준다.
겨울에야 차가운 손을 맞잡을 수 있는
이들은 눈꽃으로 피어나 설산이 된다.

눈은 계속하여 내리고 밤새 만든 눈길 위에
심술궂은 봄비가 발자국을 뿌리며 달아난다.
눈, 물인지, 눈물인지, 골목길은 진흙탕이다.

봄 처녀는 겨울을 몰아내려고 꽃샘바람 보내어
눈도 못 튼 여린 싹의 머리끄덩이 끌어올린다.
봄은 더 이상 동화 속의 착한 처녀애가 아니다.
콩쥐를 몰아내고 남의 자리 차지하려는 팥쥐다.

대관령 황태

내장을 긁어내고 몇 번 물세례 당하고
두 마리씩 짝지어 덕장으로 실려 간다.
너를 추억하며 지나가다가 멈춘 대관령
눈밭에 이역의 바다가 와르르 쏟아진다.
낯익은 뒤통수에 대고 빼끔 말을 걸어도
너는 가부좌 틀고 옆만 바라보고 있구나.

해가 뜨고 지면, 녹고, 얼고, 녹고, 얼고,
칼바람이 텅 빈 가슴에 눈보라를 안기자
불현듯 가슴팍에 붉은 기운이 돌고 팔딱팔딱
뛰었던 심장이 있었음을 마른 뼈가 기억한다.

눈目이 언다, 녹는다. 마른다.
입이 언다, 녹는다, 마른다.
몸이 언다, 녹는다, 마른다.

마른 심장 주름 사이로 간신히 남아있는

실핏줄이 아가미로 쉬던 숨을 기억한다.

지느러미 살아서 자맥질하며 퍼덕이던.

메모의 달인

오늘 살 것을 메모하지. 마트에 가면 빛을 발하지. 나는 메모하는 여자야. 메모하지 않은 것은 어김없이 깜빡하지. 고스란히 놓아두고 돌아오지. 나는 충동구매 안 하는 여자야. 콧노래가 나오지. 나는 계획적이지. 메모하지 않은 것은 알뜰하게도 절대 사지 않지.

모월 모일 선크림이 메모가 되어 있네. 50% 세일 하니 횡재한 기분이지. 집에 와서 살펴보니 유아용이야. 유아용을 얼굴에 발라주어 미안해. 메모에 충실 하느라 깨알을 놓쳤어. 요즘은 스치는 번개의 트림도 메모하지. 때로는 꿈 저편으로 달아나는 미르의 잔상도 붙잡지. 입신의 경지야.

모월 모일, 갈매기 날고, 울돌목, 바위 뒤에 숨고, 갯바람, 봄동을 캐고, 이런 글들이 적혀 있네. 이것이면 한 편의 시도 엮을 수 있지. 내 기억이 없어도 메모장은 기억해. 그런데 이상하지, 아무리 살을 붙여도 신파야.

뭘 적을까, 주변을 두리번거려. 무얼 살까, 주방을 기웃거려. 아무리 둘러봐도 더 이상 적을 것이 없고, 아무리 살펴도 살 것이 없다는, 그런 날도 있다는 것을, 오늘에야 겨우 알았다는 메모에 붉은 밑줄을 긋는다.

지은이네 콩물집

콩물집은 어른에게는 따끈한 콩물을 팔고
아이들에게는 과자를 파는 구멍가게였다.

콩물집 유리문을 열어젖히고
좌판의 과자들을 쭉 훑어본다.
조몰락조몰락, 집었다 놨다
가격을 물어보고, 흔들어보고
과자봉지를 꾹꾹 눌러본다.

종례가 보름달 빵을 저 혼자 먹은 것이 생각나,
어떤 과자를 골라야 바짝 약을 올릴 수 있을까,
두리번거리며 머리를 굴려 고민하고 고민한다.
주물럭거리지 말라는 아짐의 지청구를 듣고서야
별사탕이 들어있는 '자야' 한 봉지를 집어 든다.

돈이 있거나 없거나, 콩물집은 최고의 놀이터였다.
과부 아짐의 입양한 딸 지은이를 데리고 놀며,

과자에 새겨진 별, 동그라미, 네모, 세모를 떼어준다.
바쁜 아침을 도와 맷돌에 팅팅 불은 콩을 떠먹이며,
두 손으로 손잡이를 잡고 엉거주춤 맷돌을 돌린다.
드르륵드르륵, 맷돌의 이 가는 소리에
잠을 자던 지은이도 뿌드득 이를 간다.
와드득 으깨져 맷돌 사이로 젖비린내가 흐른다.

문득, 산에 누운 울 할매 쭈그렁 젖가슴 풀어헤쳐
지은이가 먹던 비릿한 콩 젖 대신 삐비꽃 내 나는
울 할매의 찌부러진 찌찌를 쭉쭉 빨아먹고 싶다.
갓 태어나 제대로 눈도 못 뜬 강아지 마냥
끙끙 주둥이 비벼대며 볼이 미어지도록.

배부르셨나요

부르지 않아도 튀어나오는 배,
태아가 없어도 언제나 불룩한 배,
기억상실증에 걸려서 들어가지 않는 배,
주먹으로 때려도 피하지 않고 얻어맞는 배,

엄마, 배불렀어요?
배, 부른 적 없는데,
배부르셨습니까. 배 주인이 묻는다.
배, 안 불렀는데요.
배를 내려다보며 배부르셨네요. 뭘.
글쎄, 배 안 불렀다니까요.

배에 기대어 바닷물에 찌를 담근다.
출렁이는 낚싯대가 돛단배처럼 휜다.
낚은 생선은 회를 떠 배 두드리며 먹고,
후식으로 배까지 먹고 나니 배가 아프다.
〉

배는 평소보다 두, 세, 배나 볼록하다.
선주는 이 배, 그 배, 저 배를 번갈아보며
이제 배부르셨나요?

| 제2부 |

그림자

너는 은유다 직유다 내유다 외유다 우유다 모유다 사과다 만유인력이다.

너는 변비다 소화불량이다 수수께끼다 전봇대다 팜므파탈이다 꼴라쥬다.

너는 無의 노래이다 所의 환영이다 有의 그늘이다.

아버지 어머니다 할아버지 할머니다 숨어 사는 첩의 자식이다 너란 놈.

바이러스에 감염되다

그녀는 애인처럼 살가운 남자를 원한다. 그는 친구처럼 편안한 여자를 원한다. 만날 때면 그녀는 후미진 구석을 찾는다. 그는 늘 당당하게 한가운데 자리를 고집한다. 그녀는 낯선 공간에 들어서면 안도의 숨을 내쉬고 야릇한 분위기를 낸다. 그는 주위를 아랑곳하지 않고 메뉴판을 먼저 찾는다.

그녀는 그가 너만 사랑한다고 속삭여 주길 바란다. 그는 낯간지러운 소리는 절대 못 한다며 뜬구름 잡는 허세만 두둑하다. 그는 뜬금없이 나타났다가 총총히 사라진다. 마지막까지 깔끔하게 아무 꼬투리도 남기지 않는다.

그녀는 남자에게 모든 것을 걸지만 그는 여자에게 실오라기 하나 걸지 않는다. 말없이 연락이 끊겨 전화를 기다리는 그녀는 박제가 되어간다. 바이러스에 감염된 머리를 콩콩 쥐어박고 환장한 심장을 쥐어뜯는다. 울다가 웃다가, 골방 가득 생각이 떠다니는 말풍선에 치인다. 비비 꼬인 이불을 뒤척이며 지새운 밤들이 가을 뙤약볕에 영글어간다.

〉

애초부터 시선이 달랐다. 그녀는 의문의 꼬리를 자르고 끊임없이 재생되는 생각의 테이프를 지운다. 웃기도 하고 친구도 만나고 일상으로 돌아온다. 여전히 멜로 주인공 같은 남자를 원하지만 파도 소리만 가득한 동굴에 갇히는 것이 두려울 뿐이다. 그 남자는 하룻밤 친구 같은 애인을 찾아 이곳저곳을 헤맨다.

그래도 만약, 그가 다시 그녀에게로 온다면 애써 지운 테이프들이 찌걱찌걱 복원되고, 필시 아무것도 묻지도 않고 따지지도 않을 것이다. 그의 맘이 변하기 전에 여자들의 손이 타지 않는 깊은 산 속 외딴집에 숨겨둘 것이다. 불룩한 허리에 깍지를 끼고 두툼한 입술을 부비부비할 것이다. 그를 곁에 두고 홍시처럼 빨고 싶은 창시 빠진 그녀는, 그만 보면 사지가 풀리는, 자신을 어쩌지 못하는, 바이러스에 감염된 미친 심장을 가졌다.

고픈

만나러 가고픈 가랑이 잡고픈 뭐든지 주고픈 미친 척 살고픈 영원히 갖고픈 서러워 울고픈 모른 척 하고픈 사랑 받고픈 너를 안고픈 발로 차고픈 이를 갈고픈 꿈결에라도 보고픈 못 보면 죽고픈 병이다. 콱

복타령

복 따러 간다. 올해는 기필코 복을 따리라. 정월 초하룻날 복 받으러 갔다가 복 주고 돌아온다. 정월 대보름 복 주우러 갔다가 복 잃고 돌아온다.

밥상머리에서 주절거리다가 머리통 쥐어박혀 혹이 생겼네. 불쑥 솟은 혹이 복을 훔쳐 가네. 섣달 그믐밤 장독대에 정화수 떠 놓고 문설주에 복조리 걸어놓아도 들어오라는 복 대신 먼지만 수북하네. 끌어내려 보리쌀이나 일렁일렁 건져야겠네. 꼬부랑 골목에 가게 열고 무명천 질끈 동여맨 북어 한 마리를 걸어두네. 오라는 손님 아니 오고 문지방도 아니 닳고 개미 새끼들만 오르락내리락하네. 이놈들 붙잡아 매타작이나 해야겠네.

돈복 자식복 안주 삼아 복타령 술타령하네. 복집 천장에 대롱대롱 매달려 웃고 있는 저것은 북어 아니고 복어, 북부루 북 북, 아니고, 보로보로 보옥 복, 복이라네.

수중왕국
—모아 신도시

병실의 격자창마다 보여주는 풍경이 다르다.
바람에 떠밀리며 버드나무잎들이 살랑인다.
건조한 눈을 비비며 삐걱대는 들창을 연다.
조각난 저수지를 기워 눈에 그림을 담으면,
퍼즐은 완성되어 저수지에 물안개꽃이 핀다.

잘려 나간 가슴이 다가오는 손길을 거부한다.
붉은 해를 도려내어 노을이 흘러든 저수지에,
부서진 차 깨진 소주병 먹다 남긴 빵 봉지,
녹슨 냉장고 가스레인지 세탁기가 가득하다.
투병 중인 어머니 부도 난 아버지 애인에게 차인 딸
대학 떨어진 아들 치매 걸린 할머니 뇌졸중 할아버지

온갖 유령들이 살아가는 저수지에서는 버려진 물건 모아
모아 물 먹은 사람 모아모아, 모아 신도시를 건설하고 있다.

집착

머리카락에 껌이 달라붙어 떨어지지 않는다.
떼어내려고 할수록 죽기 살기로 악다구니다.
찐득하게 늘어진 풍경들이 복잡한 터널 속의
가상 시나리오를 따라 목적지 없이 지나간다.

가도 가도 출구는 없고 쇳소리 귓전을 때리고,
돌부리에 탄력받은 바퀴는 레일 위를 구른다.
머리의 껌이 붕대처럼 몸을 감아 미라가 된다.

봉인된 누런 껌딱지를 박쥐가 물고 달아나자
이내 둘둘 말린 몸이 풀리며 송진향이 난다.
밤하늘 동동거리며 유영하던 박쥐 주둥이에
붙은 보이지 않는 실이 끝도 없이 늘어난다.

신 진도아리랑

한 번 가도 진도 두 번 가도 진도
차 타고 가도 진도 배 타고 가도 진도
홀로 가도 진도 같이 가도 진도
밀물 들어도 진도 썰물 나가도 진도

진도대교 있으나마나 울돌목 있으나마나
다시는 맹골군도 돌아 나갈 수가 없는걸.

도시로 간 달팽이

빛이 잠자는 밤 고요한 숲에 바위만 한 추위 덮친다.
해가 기지개를 켜고 밤새 내린 숲의 서리를 털어주고
금빛 햇살이 겹겹이 오므라든 무척추 곱사등을 비추자
움츠러들었던 더듬이를 내밀고 낯익은 얼굴과 마주한다.

꽃뱀의 혀에서 달콤한 말들이 쏟아진다.
쭉 늘어나는 혀에 감겨 촉수가 흐려진다.
부실한 움막집을 흔들며 느리게 느리게
어둠을 틈타 배밀이로 숲을 빠져나간다.

햇살을 향해 빌딩을 향해 기고 또 긴다.
덜컹덜컹 수레 집에 잡다한 꿈을 더한다.
녹초가 되어 잠든 사이 꽃뱀은 흔적도 없이 사라지고,
뜨거운 태양 아래 아스팔트 건너는 수레가 기우뚱거린다.

대물림 보자기

시골에서 보내오는 택배가 귀찮아 현관에 밀쳐놓았다가 한참 후 젖은 라면박스를 열어 본다. 배추 나부랭이, 얼린 시래기, 떡 덩어리, 고추 등이 까만 봉지에 감겨있다. 냉장고에 던져 넣고 베란다 수납장을 여니 파래, 미역이 하얀 열꽃을 피운 채 늘어져 있다. 봉지도 뜯지 않은 무언가도 기억 밖으로 앉아있다.

에둘러 보니 그동안 어머니가 보내 준 것들이 곳곳을 채우고 있다. 인색하고 무뚝뚝한 딸년에게 마디 굵은 갈퀴손으로 보자기를 싼 마음이 읽힌다. 어머니의 어머니가 그랬듯이 자식에게 그 자식에게 빛바랜 보자기는 내리 대물림이 된다.

낙타

눈 끔뻑이며 모래언덕 오르자 마른하늘에 숨소리 거칠다.
어지러움 견디며 비칠비칠 어딘가의 오아시스를 찾는다.
바닷바람을 그리며 파도 일렁거리는 물결을 따라간다.
오아시스다, 하는 순간 다시 눈 뜨면 감쪽같이 사라진다.
낙타 한 마리가 터벅터벅 사하라를 횡단하고 있다.
한낮이 불쏘시개 밑불이 되어 마른 장작을 지핀다.
평평한 모래밭에 이르러서야 다리 접고 눈꺼풀을 내린다.
곱사등에 거룩한 향연香煙이 하늘하늘, 까지 피어오른다.

사는 맛

뭐 같은 놈을 씹고 불 닭발을 뜯고 줄 담배를 빨고
쓴 소주를 마시고 찬 실연을 맛보고 뽕 일탈을 즐긴다.

인생은 모 아니면 도
씹고 뜯고 빨고 마시고 맛보고 즐기다가
쿵, 한순간에 간다.

용대리 황태

돌멩이 덜컹대는 가파른 너덜길을 오른다.
어이, 너를 한 번도 정면으로 본 적이 없어.
길 가다 마주쳐도 갸우뚱하며 지나칠 거야.

장례식장에서 젊은 망자의 죽음을 학습한다.
산 자들의 곡소리가 귓전에서 출렁거리고
망자의 환영이 희미하게 저승꽃을 피운다.

살갗을 꿴 화살이 뺏속에 깊숙이 박히고.
죽음이 턱밑을 서성여도 겨울잠은 깊다.
설핏 잠에서 깨자 몸이 닥닥, 부딪히고
눈발 날리는 허공에다 퍽퍽, 발길질한다.
이승을 끊어내려고 딱딱, 목탁을 친다.
통점을 찾으려 애쓰지만 움직일 수 없고
묵음이 바람의 명작으로 덕장에 내걸린다.

보푸라기 숲

보푸라기의 세계를 엿본다.
몸이 구부러지고 팔이 뒤엉킨
허리가 휘어지고 어깨가 맞닿은
입김에 흔들리며 바람에 일어서는
얼굴을 간질이고 길 가르마가 타 있는
한 손으로 하늘을 가린 숲에 그가 서 있다.

견딘다는 말

보이지 않는 쇠사슬에 감겨 무게를 견딘다.
견딘다는 말은 가슴을 짓누르는 돌덩이다.

불어나는 생각을 소여물 썰듯 자르고 있다.
베어내면 또 자라서 키를 넘고 숲을 이룬다.
포기한 생각들이 울울한 숲으로 걸어간다.
내가 버린 아이들이 베어진 채 흩어져 있다.
생각의 아이들은 또 새롭게 태어나고 자란다.

견딘다는 말은 지나가기를 바라는 마음이다.
심장이 돌이 되길 기도하는 마음이다.
견딘다는 말 뒤에 숨어 무너지려는 마음을
애써 외면하고 돌아누우면 베갯머리에서
생쥐가 딱지 입은 생각을 사각사각 갉는다.

그 여자

—여왕개미

날개 달린 남자와 그렇고 그런 사이였대.
결혼을 약속하고 같이 비행을 떠났나 봐.
둘은 하늘을 이불 삼아 사랑을 나누었대.
그리고 날개 달린 남자가 어디론가 사라졌대.
그 여자는 날개 달린 남자의 아이를 낳았대.
그 후로도 계속하여 아이를 낳았대.
지금도 아이를 낳고 있을 걸, 아마도.

왜

구름이 남긴 찐빵 먹으면 점점 배가 부풀어 오른다. 왜?
까치가 남긴 홍시 먹으면 자꾸 입술 뾰쪽해진다. 왜?
천사가 남긴 낮잠 자면 겨드랑이가 가려워진다. 왜?
두꺼운 책 펼치면 활자가 제멋대로 흩어진다. 왜?
왜, 라는 말을 넘기려고 강제로 입 틀어막으면
자꾸 꺽꺽, 말 시래기를 토하게 된다. 왜? 왜?

복화술

—군에 간 아들에게

얘야, 걸을 때 앞만 보지 말고 갓 태어난 풀꽃들의
옹알이를 들어보거라.
양쪽 귀만 잡아당기지 말고 네게 밟힌 돌멩이의
비명을 들어보거라.
예보 없던 비에 뾰로통하지 말고 풀꽃 돌멩이
비와 네가 뒤엉켜 구르는 젖은 땅에
촉각을 곤두세워 보거라.
지레 숨지 말고 어깨 꺾지 말고 좀 젖으면 어때.
웃으면서 때론 제기랄,
툴툴 털어라, 얘야.

안개 속의 그림자

백만 개의 소리가 모여 푸른 고요를 만든다.
한밤중 나뭇잎 두드리는 소리에 잠에서 깨어
뜬눈으로 지새운 그림자를 끌고 집을 나선다.

안개가 뭉뚝한 걸음으로 길을 지우며 따라온다.
횡단보도에 서 있는 그림자들은 제각각 흐리다.
기타를 맨 그림자는 연신 머리칼을 쓸어 넘긴다.
그림자 틈새의 담배 연기가 다시 안개를 만들고
이어폰을 튕겨 나온 음표들이 전봇대에 걸린다.

신디사이저, 일렉트릭기타, 드럼, 보컬의 노래와
소나기가 합해지며 록밴드 페스티벌을 펼친다.
절정을 달리던 이어폰이 빠지자 순간 정적이 오고
소란이 크게 흔들리며 안개보다 낮게 주저앉는다.

| 제3부 |

물봉선 · 1

검은꼬리박각시나방이
공중부양 한 채 퍼덕이며 꿀을 빤다.
봉선이 년은 암만 봐도
화냥년이여 아무 놈에게나 배배 꼰다니까.
도깨비바늘 막말을
박새가 물어오자 풀꽃들이 까르르 웃는다.
봉선은 욕 한 움큼
떼어내고 잎으로 침방울을 쓰윽 닦는다.

점, 점, 이, 붉은 해마 꽃이 핀다.

물봉선 · 2

나를 만지지 말아요. 제발 만지지 마요.
만—져요.
가는 귀를 먹은 바람이 문지방 넘어가서
볼 툭, 친다.
날개가 젖은 네발나비가 꽃대에 앉아서
펄럭, 깃 턴다.
살랑살랑 애태우지 말고 외로운 자주꽃
꼬옥 안아줘요. 제발,

도토리와 청설모

상수리나무 우듬지 흔들어 졸고 있는 바람을 깨운다.
허공에 매달린 연줄이 풀어지며 한숨이 날아간다.

굴참나무일까, 갈참나무일까, 어디에서 굴러왔을까.
수군수군 묻어온 소문들이 졸참나무 숲으로 간다.

풀숲에 바스락거리며 모자 눌러쓴 몽타주 찾아 나선다.
툭, 데굴데굴 덱데굴, 굶주린 청설모의 발 앞에 멈춘다.

껍질 깨물어 퉤퉤, 허공에다 뱉어내고
오도독, 씹는 소리에 숲이 오싹한다.

그을음 · 5
—갈비탕이 그녀를 지운다

아카펠라 굿 모닝을 외치는 알람을 죽인다. 버티다가 일어나 가스레인지에 불을 켠다. 방안에서 딸꾹딸꾹 누가 부른다. 불꽃을 일으키며 가스가 점화하는 동안 까마귀 울음소리 까무룩 숨이 넘어간다. 이른 새벽, 보고 싶다는 그녀의 톡이 왔다. 하트와 함께 한 번 보러 간다는 문자를 보낸다. 그녀가 보낸 파일을 열어 보지도 않고 덮는다.

그러다가 몇 달째 투병 중이던 그녀의 비보를 접했다. 마지막을 배웅하는 영구차에 동승 하여 주렁주렁 맺힌 회한의 댓글 떨군다. 둘째 딸이 화로에 들어서는 관을 붙들고 저승길을 막아선다.

그녀가 이승을 지우는 동안 수저로 퍼 나르는 갈비탕이 훌쩍훌쩍 허기를 채운다. 얼기설기 붙은 갈빗살 발라 먹으며 이빨 사이에 낀 살코기 파내 입속에 넣는다. 얼떨결에 건배 외친 친구가 머쓱하여 고개 숙이고 어깨 털썩 내린다.

밤의 사역 · 1
—말매미

베갯머리 고쳐잡고 잠을 청하려는데 창밖이 밝네.
수매미 날아와 입술 부르트게 세레나데를 부르네.
껄떡 숨넘어가는 수놈 소리에 암매미가 날아오네.
늦은 밤, 느티나무 등걸을 부여잡은 말매미 한 쌍
돌개바람 일으키며 거침없이 몽골사막을 달려가네.

지구 술래

숨바꼭질할 사람 여기여기 붙어라.
가위 바위 보, 가위 바위 보,
다 보자기인데 혼자 주먹이다.
전봇대에 손바닥 대고 머리 묻고 눈 감는다.
하나 두울 세엣…… 여열, 꼭꼭 숨어라,
머리카락 보일라, 숨었니? 찾는다.
아직, 아직, 달아나는 발소리 요란하다.

전봇대 징징 매미 맴맴 술래 쌕쌕,
전봇대에 부푼 귀를 가져다 댄다.
웅웅, 제법 익숙한 소리가 들린다.
우주에서 사라진 아이들을 찾는다.

적막이 흐르고 갈림길에서 아이를 놓친다.
다시금 전봇대가 웅얼웅얼 교신을 보낸다.

해가 발라당 까무러친 날

하루살이 연못 속에 알을 까고
섬잣나무 모래 위에 침을 뱉는다.
실잠자리 풀잎 위에 현을 켜고
산벚나무 뒷동산에서 토악질한다.
박새는 뻐꾸기가 몰래 낳은 알을 품고
암탉은 꼬꼬댁 홰에 올라 새벽종을 친다.

박쥐가 해를 훔쳐 동굴로 달아나다가 해를 놓치고
발정이 난 누렁이는 떨어진 해를 따라서 빙빙 돈다.
누렁이에게 밟힌 해가 수평선에 발라당 까무러친다.

고객 만능시대

고객님, 사랑합니다. 무엇을 도와드릴까요?
고객님 얼굴이 곰보인데 제 얼굴은 어떻게 생겼냐구요?
밉상은 아닙니다. 재생 불능 콘크리트 팩 보내드릴께요.
고객님, 배달 기사가 현관문을 쾅 닫아 아이가 깼다구요?
죄송합니다. 고객님이 드실 수면제를 보내드리겠습니다.
고객님, 애인이 없어 외로우니 진한 대화나 하자구요?
좀 바쁘네요. 입 냄새 제거할 수 있는 세정제 보내드리죠.
고객님, 고객센터에 불만 접수하면 선물을 주냐구요?
맞습니다. 진상 고객 거짓말탐지기를 보내드리겠습니다.
고객님, 통화 중에 왜 자꾸 기침을 하냐구요?
코로나에 걸렸습니다. 제가 쓰던 마스크 보내드리죠.
고객님, 마구 지껄이는 쌍욕이 거슬리지 않냐구요?
그럴 리가요 욕설 재생용 이어폰 보내드리겠습니다.
헛소리 그만하고 책임자나 바꾸라구요?
불쾌하셨다면 사과드릴께요.
사과 상자에 꿀밤과 감자도 함께 넣어 보내드리겠습니다.
(이 우라질 고객님아)

드디어, 오늘 나는 나에게 사표를 선물했어요.

* 피로회복제 광고를 패러디함.

이 좀 저 좀

이 좀은 스웨터, 저 좀은 털코트를 사랑해.
좀은 입맛에 맞는 옷을 골라 먹고 자라지.
난전 다녀오신 어머니 이 좀 저 좀에게 약을 먹인다.
좀들은 약을 야금야금 갉아먹고 껍질을 남기고 사라진다.
산수유 백일홍 지고 들국화 핀다.
들국화 지고 금세 복수초 핀다.
스웨터는 겨드랑이 알약에 취해 잠들었고
털코트도 호주머니 알약에 취해 몽롱하다.
수은주가 영하로 곤두박질친 날
스웨터가 털코트 걸치고 집을 나선다.
골목길은 나프탈렌에 취해 어질어질하고
갓 깨어난 좀비들이 캉캉 뛰어 버스에 오른다.

노란 수선화

혼자서도 능히 꽃 피울 수 있다고 자신하며
부단히 너를 밀어낸 저녁에는
목이 말랐다.
네가 있을 만한 곳을 찾아 수없이 헛발질하며
겹겹이 무명옷 껴입고 맨땅에
발을 심었다.

겨울 칼바람에 부러진 잎이 더욱 서럽기에
따사로운 입김이 불어와 초록 꽃대 설 때쯤
다시 오겠다는 철 지난 엽서 읽고 또 읽는다.

그을음 · 11
—무기계약

탱크를 광내고 미사일을 닦지만 무기를 계약한 적은 없다.
팔고 싶은 무기는 기관총, 조종하고 싶은 무기는 사드
흙삽 사원에게는 그림의 떡이고 지하벙커는 대장의 성역,

그래도 혹시나 해서 위장크림을 바르고
고무 앞치마를 두르고 국자를 쥔다.
탄알을 듬뿍 퍼서 기관총에 붓는다.
마침, 어깨를 거들먹거리며 손님이 들어온다.
시범으로 방아쇠를 잡아당기자 딸꾹질하던
기관총 탄알이 손님 얼굴을 향해 날아간다.
손님은 달아나 황급히 탱크를 몰고 사라진다.

호랑이 상사가 호루라기를 불면서 뛰어와서
접시 눈을 하고 송충이 눈썹을 말아 올린다.
마음속 투명 권총으로 호랑이 상사를 조준한다.
기습으로 날아온 돌려차기에 앞으로 고꾸라지며.

총구에 부딪힌 눈가에 푸르스름한 월환月環이 뜬다.

진달래는 피고

언 땅에 입김 불어 군불 지핀다.
불티 날아올라 찬바람을 재운다.
마디마다 새살 돋고 꽃눈에 바람이 머문다.
골짜기에서 부는 휘파람이 등성이로 퍼진다.
메아리 흘러가는 곳마다 꽃망울이 맺힌다.

새가 내려앉은 가지마다 입덧하듯
분홍분홍 분홍 진달래를 게워내고
아롱아롱 꽃 몸살 난 가지 어깨춤을 춘다.

메가네우라*

물풍선 띄워놓고 모래 한 줌으로 집을 짓는다.
눈꺼풀 깜박이며 허물었다 지었다 반복한다.
얼마 못 가서 모래집은 제풀에 고꾸라진다.

호수 깊이 사라진 모래, 알에서 나온 애벌레
뭍으로 날아오르며 불완전 변태를 꿈꾸는 밤
거대한 배경이 어수선 산란한 호수를 덮친다.
호수는 굉음 밑에 깔려 그대로 숨을 멈춘다.
해가 돋보기 쓰고 수 억 년을 찾아 헤맨 뒤
마침내, 한 점에서 연기가 나고 불꽃이 인다.

허물이 마르면서 오래된 시간이 균열한다.
차곡차곡 쌓인 바위 등딱지가 갈라지면서
화석 잠자리가 깨어 수억 년 전 호수로 날아간다.

* 고생대 석탄기에 살았던 거대 잠자리.

그녀의 선술집

구멍 난 내복 바라보다 아랫목에 손 넣어보고
엉덩이 토닥토닥, 홑이불 끌어당겨서 덮어주고
보일러에 물 한 바가지 붓고 연탄불을 살핀다.

꼬리 흔드는 강아지에게 신세 한탄을 하고
가게 들어서자마자 밤새 곤 육수를 살피고
윤기 좔좔 흐르는 국숫발을 채반에 올린다.

일용직 잡부들이 가게 문을 밀치고 들어서자
밤새 술을 마신 남편이 푸석한 눈을 비비며
들어오는 사람마다 한잔하자며 아는 체한다.

애들만 집에 있는데 빨리 안 갈래? 불벼락을 치자
천장 백열등이 움찔하다가 모르는 척 시치미 떼고
손님들은 일상인 양 개의치 않고 원탁에 자리 잡는다.

벌이가 쏠쏠한 이는 돼지국밥 속 고기를 건져 올려

새우젓을 찍어 먹으며 막걸리 한 대접을 들이키고
일당이 시원찮은 이는 잔 막걸리에 김치 쪼가리를 씹는다.

코 빠진 이 씨에게 토렴한 돼지국밥 한 사발을 퍼주고
새 반찬도 듬뿍 담아 앞으로 밀어준다.
손사래 치는 그에게 오늘은 기분이다. 돈 안 받아.

아짐씨가 이 씨를 겁나게 좋아하는 갑네.
시시덕거리는 이들에게 욕 한 사발을 퍼붓고
널브러진 남편 머리 쥐어박고 이불을 덮어준다.

달맞이꽃

자전거가 질주하는 도로를 비칠비칠 걷는다.
벤치 옆에 앉아 검은 봉지 속 술을 바라본다.
알코올이 분해될 틈도 없이 또 술을 마신다.
허공에 뱉은 쌍욕이 이에 씹혀 너덜너덜하다.
민망한 꽃술이 그의 아득한 미로를 따라간다.

하나 더하기 하나로 유명한 돼지고기 체인점,
폐업에 헐값이 된 주방 기구가 달그락거린다.
무한 리필용 파무침 고추 상추 나부랭이에
천불을 지피니 숯불이 벌겋게 달아오른다.
소주잔에 지난 일상들이 안주처럼 떠다닌다.
불투명한 서류들과 빨간딱지에 감춰진 과거
그리고 소주병과 나무 벤치가 배경인 현재
불투명과 투명의 반복을 미래는 예감했을까.
벤치 끝에 위태롭게 서 있는 소주병이
꽃을 간질이는 달의 눈짓에 휘청인다.
꽃은 달의 눈을 감기고 술병을 누인다.

조류독감

닭들이 아우성치며 우주복을 피해 몰려다니네.
피가 밴 눈망울로 비켜서 있는 나를 쳐다보네.
갓 낳아 버려진 계란들이 떼굴떼굴 굴러다니네.

또그르르 깨어나지 못한 생을 주워 솥에 삶네.
삶은 계란을 먹고 내 생生도 푹푹 삶을 거라네.
어제는 열 개 오늘은 스무 개 내일은 서른 개를.

푸석하고 퍽퍽한 노른자는 어미개한테 주고
말랑말랑한 흰자는 새끼강아지에게 줄 거라네.
알에서 깨어나지 못한 희고 노란 원형들
뭉개지며 산 것들의 뱃속에 겹겹이 쌓이네.

양계장 마당에 크게 울려 퍼지는 개-나-발
병아리 울음이 강아지 엉덩이에서 줄줄 새네.
살아서 죽은 닭의 비명이 개 뱃구레에서 홰를 치네.

뱁새의 비상 · 2

텅 빈 둥지에 솜털 몇 가닥의 온기가 남아 따듯하다.
주둥이 삐끔거리던 새끼들을 찾아 숲을 돌고 또 돈다.
보송한 새털이 물살에 떠밀리며 둥실둥실 너울을 타고
새털이 새끼라 여긴 어미는 먹이를 바다에 물어다 준다.
어미의 헤진 부리를 삼킨 파도는 점점 몸집을 부풀린다.
수평선에서 도움닫기를 한 구름이 함성을 지르며
파도와 스크럼 짜고 절벽 향해 미친 듯 내달린다.

| 제4부 |

영감 · 1

—장래 희망 미망인

저놈의 영감탱이 사망신고는 꼭 내 손으로 하고야 만다.
일구월심 연필심에 침 발라가며 삐뚤빼뚤 한글 배웠네.
정화수 떠 놓고 저 영감 잡아가라고 입방정을 떨었는데
번지수 잘못 찾은 신령님이 보물 1호 누렁이를 잡아가네.

영감 · 2
—영안실

고래고래 소리치며 쫓아낸 영감 찾으러 산으로 간다.
막대기로 나뭇가지 수풀 사이를 훑고 토굴을 쑤신다.
나가란다고 나가는 꼴통 영감 혹시나 하여 영안실에 간다.
다행인 건지 불행인 건지 남의 영감님이 누워 주무신다.

하나개 해수욕장*

—갯벌의 예술가

갯가에서 노닐던 햇빛 어느덧 붉어지다가
수평선에서 몇 번 자맥질하더니 스러진다.

대머리 해파리가 밤바다를 헤엄치고
낙지 망둥이 갯지렁이가 머리 내밀고
갈매기도 내려앉아서 발자국을 찍고
초승달 업은 칠게가 밤마실을 나오고
바다 고둥은 젖은 바위에 몸을 맡긴다.

밤 갯벌은 행위 예술가들의 놀이터다.
어지러운 지문을 돌아서 새벽이 온다.
따라다니던 초승달이 손을 놓고 자러 가고
간밤, 자궁 열어 역사 써 내려간 갯벌에는
고물고물한 생명들이 활짝 기지개를 켠다.

* 하나개는 '큰 갯벌'이라는 뜻이며, 인천광역시 무의도에 있는 해수욕장이다.

개망초시대

하늘은 별 꽃향기 버무려서 뭉게구름을 만들고
법원 앞은 매일 다른 팻말 든 꽃들이 모여들고
옥상 개망초는 꽃들 아우성을 무심히 굽어본다.

감꽃은 참새가 감나무를 할퀴어 화나서 오고
박꽃은 생쥐가 박넝쿨을 갉아서 열받아 오고
연꽃은 잉어가 연못물을 흐려서 혼내러 온다.

개망초는 뿌리를 흔드는 바람에도 쉽사리 뽑히지 않고
꽃가루를 휘날리며 법정에 몽글몽글 아지랑이 피우고
시비 따라 찢어진 팻말 나뒹굴고 뭉게구름 피어오른다.

오우가

오백 년 이끼 서린 시구詩句가 비자림 숲속에 흐르고
떨어지는 은행잎 녹우당 앞마당에서 얼쑤 춤을 추고
벗들이 몰려오는 저녁이면 아득한 적막감이 사라지네.

지하철과 로또

마지막 지하철을 놓칠세라 헐레벌떡 뛰어들어 탄다.
비좁은 자리에 엉덩이를 밀어 넣고 꾸벅꾸벅 존다.

1월에는 지난주에 산 로또가 당첨되어 108억을 받았다.
2월에는 기존주택 대출이자 5억 원을 한꺼번에 갚았다.
3월에는 무자격자에게 한 틀니 빼고 임플란트를 하였다.
4월에는 15년 된 똥차를 폐차하고 중형세단을 뽑았다.
5월에는 송도에 경매로 나온 5층짜리 상가를 계약했다.
6월에는 난생처음 가족과 함께 유럽 여행을 다녀왔다.
7월에는 폐암 수술 한 친정아버지 병원비를 내드렸다.
8월에는 물 좋고 산 좋은 평창에 별장을 마련하였다.
9월에는 성형외과에서 얼굴과 뱃살 리모델링을 하였다.
10월에는 결혼하는 아들에게 역세권 아파트를 사줬다.
11월에는 시내에 잘나가는 수제 햄버거 가게를 인수했다.
12월에는 노후연금보험을 넣어 백세 시대를 대비했다.

남은 돈을 어찌할까 고민하던 차에 마지막 역이라는 방송에 놀라 잠에서 깼다. 눈을 깜박이며 주위를 둘러보다 무릎 위 명품 짝퉁가방을 뒤적거리며 허겁지겁 복권을 찾는다.

곱창천국

굶주린 사람들을 구원하기 위해 이 땅에 왔다네.
여기를 거쳐야만 맛 천국에 이를 수 있다고 하네.
형제가 곱 많은 막창을 달궈진 팬에 올리라 하네.
다들 팬과 주걱 앞에서 허기진 속내를 드러내네.

길게 늘어선 줄에 살포시 끼어드는 얌체가 있네.
오래 기다리던 사람들과 입씨름하며 맞장을 뜨네.
구운 막창이 마법 소스를 업고 입으로 직행하네.
그 집 거친 자들 승천하여 천국에 이른다고 하네.

소문 듣고 몰려온 사람들로 가게 앞은 인산인해
자고 나면 자꾸자꾸 줄이 길어져 골목을 점령하네.
눈치를 보다 구불텅구불텅한 줄에 발을 합류하네.

문틈으로 막 천국에 다다른 자매의 방언이 새네.
잘근잘근 씹어 목구멍으로 꿀꺽 잘도 넘어가네.
참이슬 한 모금에 천국의 온기 내장 가득 퍼지네.

다비茶毘*

속계의 번뇌와 선계의 환영幻影들이 재단 위에 내린다.
연꽃을 품었던 몸이 다 타고 이내 이승이 아스라하다.
저승에서 내려온 소나기에 火를 식히고 生을 뒤적인다.
마침내 적멸에 든 사리, 연잎에 앉아 염화미소 짓는다.

* 불교에서 전통적으로 시신을 화장하는 장례 의식.

벼룩과 사자

깨알만 한 벼룩이 무진장 큰 사자를 괴롭힌다.
사자의 털 속을 활보하고 내키는 대로 깨문다.
사자가 좌우로 갈기 털고 나무에 등을 비빈다.
벼룩이 아랫도리 깨물자 포효하며 고꾸라진다.

해시계

햇살이 주름 커튼 사이로 손을 넣어 이불을 쓰다듬는다.
밤늦게 온 남편 눈썹 간질이고 게임을 하는 아들 손등
깨물며 엘사 공주 잠옷을 입고 자는 딸 볼에 뽀뽀한다.
마법의 손길이 닿으면 갇혀있던 하품들이 새어 나온다.
커튼 열고 햇빛 샤워를 하자 햇살이 창문 구석을 핥는다.

아침을 먹고 해가 이끄는 대로 집을 나선다.
우향 앞으로 갓. 좌향 앞으로 갓, 제자리에 섯.
해는 종일 우리 곁을 지키다가 등 뒤로 사라지고
한눈을 팔던 해바라기도 얼른 따라 고개 숙인다.

재택 씨의 일상

푸석한 하루에 하얀 비누칠을 해요
수건과 날씨가 투명 물기를 나눠요.

젖은 머리칼을 가지런하게 빗어요.
때 묻은 빗을 보니 빚이 떠올라요

컴퓨터 앞에 앉아 사람人을 검색해요
몇 개 골라서 얄팍한 이력을 붙여요.

매일 쥐 잡던 과장 얼굴이 떠올라요.
서류뭉치가 날아와서 가슴에 박혀요.

강아지가 구멍 난 발가락을 깨물어요.
양말을 잡아 빼다 옆구리를 걷어차요

바라보고 있던 그녀가 등짝을 때려요.
머리 긁적이며 다시 사람人을 찾아요.

〉

게임에 마른입이 달싹달싹 움직여요.
밤샘 컴퓨터에 위는 텅 비어 있고요.

그녀는 아이 방에서 코를 골며 자요.
주방에는 라면 물이 부글부글 끓어요.

그녀가 자면서 이를 부득부득 갈아요.
다시 화면을 바꿔 사람人을 검색해요.

강아지가 발등에 뜨뜻한 오줌을 싸요.
그녀가 일어나 화장실 갈 시간이래요.

* 사람인 : 취업정보 제공 사이트.

감나무

큰 가지와 작은 가지 이 나무와 저 나무가
몸살을 풀어내며 애쓴 흔적이 도드라진다.

나뭇가지 사이로 눈이 오고 비가 내리고
먹빛 구름이 흐르고 거센 바람이 지난다.

나무는 가지를 늘리고 싹을 틔워서 열매를
매달고 허공에 점점 많은 별자리를 그린다.

별자리들이 밤하늘에 총총 자리 잡으면
사람들은 장대를 메고 숲으로 몰려간다.
소문만 무성할 뿐 돌아오는 이가 없다.

아버지는 어디에서 장대 툭툭 치며
저 별을 올려다볼까 내려다볼까.
동이 트려는지 별이 사위어간다.

밤새 장대로 후려친 감나무 밑이 소복하다.
아이가 광주리 가득 떨어진 별을 줍고 있다.

자유통신

새가 되고 싶어.

일 분만 참았으면 될 것을.
영점칠평 독방에 들어앉아
서슬 퍼런 회환의 대못을 칩니다.

새가 되는 꿈을 꿔.

다리를 오그린 채 잠든 새벽녘
한 맺힌 원혼이 원망을 쏟아내며
이놈의 목덜미를 점점 죄어옵니다.

새가 되어 날아갈까.

차라리 고통을 끝낼까 하다가도
노모의 짓물러서 골패인 낯에
설움 한 짐 더 보태는 것 같아

이내 도리질로 생각을 바꿉니다.

새가 되려다가 자꾸 뒤돌아봐.

일순간만 참았으면 될 것을.
돌이킬 수 없는 넋두리를 읊조리며
오장육부에서 울컥울컥 치밀어오르는
울음 덩이 주먹으로 틀어 막아봅니다.

개의 안부가 궁금하다.

기골이 장대한 사내가 SNS에 개와의 일상을 공유했다. 뽀뽀하고 목욕시키고 함께 노는 사진을 올리고, 가는 모임마다 개를 받혀 안고 참석했다. 사람들은 익숙하게 쓰다듬어 주고 예뻐해 주었다.

어느 날 고향이 아랫녘이라며 구구절절 어머니 얘기와 어릴 적 성장 과정을 올렸다. 그러더니 병원에 입원했다고 하였다. 그를 걱정하는 글들이 올라오고 걱정해줘서 고맙다고도 하고 회복되었다고 감사를 표하기도 했다. 퇴원해서 개를 안고 산책하는 모습을 올리기도 하였다.

한동안 소식이 뜸해 궁금하던 차에 혼자 사는 떠꺼머리 늙은 총각인 줄 알았던 사내의 아내가 그의 계정에 부고를 올렸다. 황망하게 남편이 떠났는데 알릴 길 없어 이곳에 올린다며 양해를 구했다.

그가 떠난 후 친구 대부분 나가기를 하고 일 년이 지나고

도 남아있는 친구 몇 명이 아직 개 사진이 있는 그의 계정에 가끔 글의 향을 피운다. 문득 그 개의 안부가 궁금하다.

사수도의 슴새*

따스한 봄밤, 고향 찾아 짝 찾아 산 넘고 물 건너
이역에서 날아온 슴새들의 짝짓는 소리 요란하다.
물갈퀴로 삽질하고 낙엽으로 보금자리 마련하여
깊숙이 판 땅굴 둥지에 소중한 외둥이를 낳는다.
파도의 박수 소리에 놀란 뭇별들이 출렁거린다.

어둠이 내리면 우아하게 비행하던 슴새는 퍽 하고
떨어지듯 땅에 내려와 뒤뚱뒤뚱 땅굴 둥지로 간다.
이른 새벽 새끼에게 먹일 먹이 찾아 나섰던 어미가
폐그물에 걸려 버둥거린다는 파도의 외침이 들린다.
아내 찾아 화급히 날아오르는 남편 슴새 날갯짓에
후박나무 잎이 후드득 떨어지며 잠든 숲을 깨운다.

부모가 떠나고 혼자 남은 잿빛 솜털 아기슴새는
두려움에 떨며 동굴 밖으로 빼꼼히 고개 내밀고
느릿느릿 굴 밖 배회하던 집쥐와 덜컥 마주치고
재빨리 눈을 돌리지만 놈이 기회를 놓칠 리 없다.

* 사수도는 제주시 추자면에 있는 천연기념물 제333호인 무인도로 바닷새류 번식지이다. 1999년 연구 결과에 의하면, 슴새의 번식 실패율이 57.4%였는데, 주요 원인은 낚싯배에 의해 유입된 집쥐에 의한 피해로 밝혀졌다.

뇌우雷雨

천둥 번개가 잠방이 걷어 올리고 으르렁대며
구름 위를 뛰어다니고 챙, 챙, 칼싸움을 한다.
온통 땀방울로 짓눌린 아랫도리가 묵직하다.

먹구름이 쏟아낸 빗줄기가 처마 밑에 떨어져
백구를 후려치고 발등을 무자비하게 짓밟는다.
털 부르르 털며 백구가 하늘을 보며 짖어댄다.

저희끼리 싸우다가 삐끗하여 바닥에 떨어진 뇌雷
도로 위 물웅덩이에 거꾸로 처박힌 뇌腦를 향해
흙탕물 속 징가징가 마징가제트 전파를 보낸다.

|해설|

세상으로 스미는 몸의 방법

—이외현의 시세계

손현숙 | 시인

여름 어느 모퉁이 시집을 상재하는 시인의 시를 옆구리에 끼고, 그가 이끄는 속도에 맞춰서 걸음을 걷는다. 따라서 나는 지금 그의 속도대로 문장을 이었다가 풀었다가를 반복한다. 그런데 특이하게도 그가 세우는 문자의 나라에는 이상한 중성적인 움직임이 보인다. 시인은 물기도 제거하고 기교도 배제하면서 주로 몸으로 겪은 사실들을 문자로 시화한다. 도무지 기교가 보이지 않는 시인, 이외현의 나라에는 삶이 곧 시고, 시가 곧 삶으로 문장 또한 담백하다. 아무렇지도 않게 세상으로 스미는 몸의 방법은 창작의 기교가 아니라 오직 표현의 기교로 세계를 완성한다. 어쩌면 이외현의 무의식 속에서 돌출되는 사랑과 냉소와 유머의 감각은 감당하기 힘든 불가능의 현실을 견뎌내는 안간힘일지도 모르겠다. 그렇게 나타나는 무의식의 현상들은 대립이나 갈등과 같이 단순한 방식으로 현상화 되지 않는다. 그것은 삶의 미묘한 차이나 방식 속에서 오직 문장으로 드러난다. 어쩌면 시인이 구사하는 여러 가지의 시작법 중에서는 단순하거나 혹은 오히려 집요한 물음들에 의해서 삶과 그 삶 속의 지난함이 광기 어리거나 거친 진술로 드러나는 것일지도 모르는 일. 이외현에게 쓴다는 것은 문자를 매혹 아래 두는 일보다는 세상과 정면으로 맞서는 타자성의 발견이다. 따라서 시인은 문자의 나라에서만은 부당하거나 공평하지 않은 세상에 대해 적어도 단 한 발짝도 물러서고 싶지 않은 것이다. 그는 마치 결심이라도 한 듯 문장과 문장 사이가 단호하다. 그것은 아마도 살아있다는 것을 전제로 초월이나 상상의 세상보다는 지금, 여기, 오늘을 이야기하고 싶은 듯하다.

결국 세상으로 스미는 몸의 방법, 이것이 오늘을 시화하는 이외현의 시작법이겠다. 그의 시에 종종 나타나는 환영 또한 "망자의 환영이 앙상한 가지에 저승꽃을 피운다.(「용대리 황태」), 속계의 번뇌와 선계의 환영幻影들이 재단 위에 내린다.(「다비茶毘」)" 혹은 "너는 無의 노래이다 所의 환영이다 有의 그늘이다.(「그림자」)"처럼 오늘의 여기를 떠나 비현실적 무주공산을 헤매는 것이 아니라, 이곳 현상의 세상에서 삶의 은유로 모습을 드러낸다. 더러는 거칠게, 더러는 불가능으로 더러는 유머로 세상을 노래하는 이외현의 담담함 속에는 어쩌면 시대와 맞서고 싶은 욕망이 내재되어 있는 것은 아닐까. 그것은 언어나 혹은 낱말의 문제가 아니라, 이외현의 사고체계와 연관이 있는 작업일 것이다. 이 지난한 과정은 아마도 오래도록 시인의 화두로 진행될 것 같은 예감이 든다.

냉소로 지은 현상의 세상

보이지 않는 쇠사슬에 감겨 무게를 견딘다.
견딘다는 말은 가슴을 짓누르는 돌덩이다.

불어나는 생각을 소여물 썰듯 자르고 있다.
베어내면 또 자라서 키를 넘고 숲을 이룬다.
포기한 생각들이 울울한 숲으로 걸어간다.
내가 버린 아이들이 베어진 채 흩어져 있다.
생각의 아이들은 또 새롭게 태어나고 자란다.

견딘다는 말은 지나가기만 바라는 마음이다.
심장이 돌이 되길 기도하는 마음이다.
견딘다는 말 뒤에 숨어 무너지려는 마음을
애써 외면하고 돌아누우면 베갯머리에서
생쥐가 딱지 입은 생각을 사각사각 갉는다.

—「견딘다는 말」, 전문

위의 시에서 화자는 '견딘다'는 말에 집중한다. 결론부터 이야기를 하면 화자가 생각하기에 견딘다는 말은 애초에 고행을 수고로 담보하지 않으면 아예 가능하지 않다는 것을 전제로 하는 것이다. 위의 시에서는 정확하게 무엇을 견디고 어떻게 대처해야 하는 것에 대하여서는 정확한 정보가 없다. 다만 화자는 '견딘다'는 것에 대한 반응이나 현상을 마음과 연결 지어 진술한다. 그런데 그 '견딘다'는 행위를 화자는 '견딘다'는 말로 스스로를 강하게 자승자박한다. 그것은 말, 즉 언어로 행동이 치환되면서 견디는 것과 언어의 관계를 동가의 범위 안에 놓아둔다. 첫 행에서 선언하듯 "보이지 않는 쇠사슬에 감겨 무게를 견딘다./견딘다는 말은 가슴을 짓누르는 돌덩이다."로 화자는 매우 선언적 발상으로 견딤을 발화한다. 그것은 화자 자신의 입장에서 '견딘다'는 것의 정의를 내리는 듯 사뭇 비장하기까지 하다. 아마도 이 '견딘다'는 말, 자체가 화자로 대변되는 시인의 오랜 화두가 아닐까, 싶기도 하다. 어쨌거나 이것은 "베어내면 또 자라서 키를 넘고 숲을 이룬다."처럼 자력으로는 감당이 되지 않아서 "내가 버린 아이들이 베어진 채 흩어져 있다./아이들은 또 새롭게 태어나고 자란다."로 집요하면서도 쉽사리 떨쳐낼 수 없는 어떤 현상일지도 모르겠다고 화자는 일갈한다. 그러나 견디는 것에도 한계가 있어서 "애써 외면하고 돌아누"워 보겠지만, 그러나 그것은 다시 원점으로 돌아와서 '견딘다'는 말은 "딱지 입은 생각을 사각사각 갉는다". 이렇게 마음과 연결되는 '견딘다'는 말에 대하여 화자는 어떤 결론도 없이 다만 "심장이 돌이 되길 기도하는 마음"으로 오늘도 역시 현실을 견디고 있을 뿐이다.

포도 한 알이 굴러가더니 거름망 속으로 빠진다.
썩어가는 채소 퀴퀴한 잡냄새가 함께 버무려진다.
물기 빠진 찌꺼기를 음식물 쓰레기통에 버리자,
고양이가 뚜껑을 열고 슬그머니 포도를 꺼낸다.

포도는 자동차 경적에 놀란 고양이 손을 빠져나온다.
강아지가 잡으려다 놓치고 경비원 가랑이를 지나서
자전거 바퀴 사이를 지나고, 아파트 정문을 나와서
도로로 굴러가고 달려오는 버스 밑으로 들어갔다가

내리는 사람을 피해 하수구로 떼구르르 굴러떨어진다.
아무도 관심 없는 포도 한 알의 그저 그런 질주다.

—「포도 한 알 뒹굴고」, 전문

위의 시에서 주체는 포도 한 알이다. 화자는 포도 한 알의 향방에 대하여 풍경을 묘사하듯 장면을 그린다. 여기서 주목해야 하는 것은 장면의 변화를 주도하는 동사 '구르다'와 '지나다'이다. 그것은 마치 시간의 층위별로 변화하는 세상의 풍경처럼 포도 한 알이 굴러가고 지나가는 그 길목의 변화를 보여준다. 삶의 지난한 변곡점이 사실은 별것 아닌 우연에서 일어나듯이 시의 첫 행에서 발화하는 "포도 한 알이 굴러가더니 거름망 속으로 빠진다."는 인간의 생사고락에 선택권 없음을 드러내 보이는 것과 동시에, 어딘가 모르는 곳에서 우연히 출발하는 삶의 시원을 은유한다. 위의 시에서 포도 한 알은 "퀴퀴한 잡냄새가 함께 버무려"지기도 하면서 "음식물 쓰레기통에 버"려지기도 한다. 이는 누구나 경우에 따라서 오물을 뒤집어쓰는 오욕을 겪기도 하고, 사회적으로 쓰임의 가치가 없을 때는 무참하게 버려지기도 하는 사회현상을 냉소적으로 드러내 보이는 극단의 한 예이기도 하다. 그렇게 버려진 포도 한 알은 누군가 구원의 손길이 닿는 것처럼 "고양이가 뚜껑을 열고 슬그머니 포도를 꺼"내기도 하고, 또다시 느닷없는 상황 속으로 빨려 들어가기도 한다. 그렇게 상황과 고난을 지나고, 구르고 피하면서 겨우 닿은 곳이란, 죽음과도 흡사한 "하수구로 떼구르르 굴러떨어진"다. 여기서 주목해야 하는 것은 마지막 행의 "아무도 관심 없는 포도 한 알의 그저 그런 질주"이다. 때로는 당신도 주목받고 싶은 생이 아니었을까. 그러나 화자는 그런 일은 당신 생 앞에는 도래하지 않을 것임을 포도 한 알의 질주로 간단하게 일갈한다.

깨알만 한 벼룩이 무진장 큰 사자를 괴롭힌다.
사자의 털 속을 활보하며 내키는 대로 깨문다.
사자는 좌우로 갈기 털고 나무에 등을 비빈다.
벼룩이 아랫도리 깨물자 포효하며 고꾸라진다.

—「벼룩과 사자」, 전문

위의 시는 가장 크고 높은 존재라 할지라도 가장 낮고 작은 존재에게 무너질 수 있다는 것을 희화한다. 위의 시는 벼룩과 사자라는 극단의 대칭 구도로 큰 것과 작은 것, 혹은 높은 것과 낮은 것의 옳고 그름이나 힘의 구도에 관한 고정관념이나 편견을 간단하게 깨뜨려버린다. 하긴 돌부리에 걸려서 넘어지는 사람은 있어도 태산에 걸려 넘어지는 사람은 없는 법, 화자는 세상에 만연되어있는 강자와 약자의 권력 구도에 유머로써, 그러나 서늘하게 일침을 놓는다.

백만 개 소리가 모여 푸른 고요를 만든다.
한밤중 나뭇잎 두드리는 소리에 잠에서 깨어
뜬눈으로 지새운 그림자를 끌고 집을 나선다.

안개가 뭉뚝한 걸음으로 길을 지우며 따라온다.
횡단보도에 서 있는 그림자들은 제각각 흐리다.
기타를 맨 그림자가 연신 머리칼을 쓸어 넘긴다.
그림자 틈새의 담배 연기가 다시 안개를 만들고

이어폰을 튕겨 나온 음표들이 전봇대에 걸린다.

신디사이저, 일렉트릭기타, 드럼, 보컬의 노래와
소나기가 합해지며 록밴드 페스티벌을 펼친다.
절정을 달리던 이어폰이 빠지자 순간 정적이 오고
소란이 크게 흔들리며 안개보다 낮게 주저앉는다.

—「안개 속의 그림자」, 전문

그림자가 그림자를 지우는 방법은 그림자가 그림자 속으로 스며들면 된다. 따라서 소리가 소리를 지우는 방법은 소리 속에 소리를 끼워 넣는 것일 터, 위의 시에서 화자는 고요의 정체를 "백만 개 소리가 모여 푸른 고요를 만든다."로 정의한다. 제목으로 미루어보아 「안개 속의 그림자」 역시 눈에는 보이지 않지만, 마음으로 보아야 보이는 세상을 재현한다. 현재 화자가 몸을 담고 있는 시간은 밤을 풀어 빛을 생산해 내기 직전의 세상이다. 이것은 "뜬눈으로 지새운 그림자를 끌고 집을 나선다."의 발화로 미루어보아 화자는 밤을 새운 채 새벽을 맞이한 모양이다. 아직 빛이 도착하지 않은 시간, 화자는 소리에 끌려 길을 나선다. 그런데 그 소리에 잠을 깬 몸은 아직 새벽의 영, 즉 새로운 세상이 당도하지 않은 것으로 화자는 "뜬눈으로 지새운 그림자를 끌고 집을 나선다."로 오늘의 현실을 토로한다. 그러니까 시 속의 화자가

인지하는 지금은 "푸른 고요"의 시간인 것이다. 그렇게 안개와 그림자로 거리는 흐리다. 어디로 갈 것인가. 화자는 오리무중의 지금을 "소란이 크게 흔들리며 안개보다 낮게 주저앉는다."처럼 우리가 살아가는 현상의 시간을 무채색의 그림자로 표상한다.

희망 없이도 한다, 사랑

너는 은유다 직유다 내유다 외유다 우유다 모유다
사과다 만유인력이다.

너는 변비다 소화불량이다 수수께끼다 전봇대다 팜므파탈
이다 꼴라쥬다.

너는 無의 노래이다 所의 환영이다 有의 그늘이다.

아버지 어머니다 할아버지 할머니다 숨어 사는 첩의 자식이
다. 너란 놈.

—「그림자」, 전문

그림자의 사전적 의미는 물체가 빛을 가리어 물체의 뒤에 나타나는 검은 현상이다. 따라서 그림자의 정체는 있다고 보기에는 허망하고, 없다고 보기에는 또렷하게 남아있는

사물의 증거인 것이다. 위의 시에서 화자는 마지막 연에서 "너란 놈"이라는 확실한 발화를 한다. 시의 본령이 애매하고 모호한 것에 적을 두는 것이라면 이 시는 분명 너무나 선명한 현상의 세상이고, 적극적으로 발화하는 거친 실체이다. 따라서 독자는 다소 거칠어 보이는 시의 발화 방법에 약간의 비밀이 숨어있음을 간파하지 않으면 안 된다. 자, 다시 첫 행으로 올라가서 우리는 "너는 은유다 직유다 내유다 외유다 우유다 모유다 사과다 만유인력이다."라고 언표하는 너란 놈의 실체를 파악해야 한다. 그런데 그것은 너에 대한 시적인 장치들로 너는 없고, 다만 너에 대한 은유나 직유만이 문자로 존재하는 이유를 깨달아야 한다. 그것은 이미 너에 대하여 "너는 無의 노래이다 所의 환영이다 有의 그늘이다."로 화자는 너란 놈의 정체를 '無所有'로 상정한다. 시간과 공간과 색계와 무색계를 모두 초월하여 존재하는 '너'라는 이름. 이것을 시인은 소유할 수 없는 사랑으로 상정한다. 실체는 있으나 손에 잡히지 않는 그림자, 화자는 그럼에도 불구하고 너와 나의 희망 없는 사랑에 또 사랑을 건다.

그녀는 남자에게 모든 것을 걸지만 그는 여자에게 실오라기 하나 걸지 않는다. 말없이 연락이 끊겨 전화를 기다리는 그녀는 박제가 되어간다. 바이러스에 감염된 머리를 콩콩 쥐어박고 환장한 심장을 쥐어뜯는다. (중략) 홍시처럼 빨고 싶은 창시 빠진 그녀는, 그만 보면 사지가 풀리는, 자신을 어쩌지 못하는, 바이러스에 감염된 미친 심장을 가졌다.

—「바이러스에 감염되다」, 부분

만나러 가고픈 가랑이 잡고픈 뭐든지 주고픈 미친 척 살고픈 영원히 갖고픈 서러워 울고픈 모른 척 하고픈 사랑 받고픈 너를 안고픈 발로 차고픈 이를 갈고픈, 꿈결에라도 보고픈 못 보면 죽고픈 병이다 콱.

—「고픈」, 전문

모든 연인은 독사에 물린 사람과 흡사하다. 사랑에 빠진 사람들은 극단의 고통과 황홀, 그 접점 지역에서 불안하게 서성거린다. 또한 그들은 죽을 만큼 아프다. 종일 가슴이 두근거리고 얼굴이 뜨겁게 달아올라 불안하고 초조하다. 사랑이 떠나갈 것을 염려하며 잠시도 안절부절못하는 상태로 치닫는다. 또는 그들은 헛것을 보거나 헛소리를 중얼거리면서도 달콤한 황홀경을 맛보기도 한다. 그러나 그들은 이내 지옥 같은 절망에 빠지기도 한다. 울다가, 웃다가, 자신이 미친 건지도 모른다는 두려움에 휩싸이기도 한다. 그렇다고 그들이 병든 사람들은 아닌 것이다. 그들은 방금 열병을 앓고 있는 사랑하는 사람들이다, 라는 롤랑 바르트의 이야기를 굳이 빌리지 않아도, 위의 시 역시 사랑의 갈등은

여전하다. 분명히 두 사람의 관계 속에서 발생한 열정 같은데, 화자의 갈등은 혼자서 깊다. 그것은 마치 보이지 않는 심연을 향해 깊은 물 속으로 빨려 들어가는 고독한 물새의 지느러미 같기도 하다. 그렇게 화자는 사랑에 깊은 내상을 입은 사람처럼 복화술과도 같은 언사를 구사한다. 그것은 마치 당신도 나만큼 나를 사랑한 적 있나요? 라고 질문하는 무대 위의 여배우 같다. 화자는 사랑의 아이러니를 거침없이 이야기하기도 한다. 그것은 "꿈결에라도 보고픈 못 보면 죽고픈" 병으로 드러내며 보여주기도 한다. 그런데 그 병은 참으로 황홀해서 "미친 척 살고픈 영원히 갖고픈"이었다가 "발로 차고픈 이를 갈고픈,"처럼 증오의 대상으로 바뀌기도 한다. 그렇다면 화자는 어떤 사랑을 갈구했던 것일까. 화자는 「바이러스에 감염되다」에서 일방통행의 사랑은 고통이었음을 발화한다. 그것은 곧 지난한 사랑의 속성으로 주면 오고, 오면 가는 합리적이면서도 공평한 세상의 공법이 아닌 것이다. 위의 시에서 화자는 "그녀는 남자에게 모든 것을 걸지만 그는 여자에게 실오라기 하나 걸지 않는다."로 헌신적이면서도 저돌적이었던 사랑의 아픔을 발화한다. 그러나 화자의 사랑은 너무나 일방통행이어서 "말없이 연락이 끊겨 전화를 기다리는 그녀는 박제가 되어간다."로 사랑을 확인받을 수 없는 존재는 서서히 두려움에 휩싸이기도 한다. 그리고 그런 상황은 분명히 아프고 정당화시킬 수는 없지만, 사랑이 다시 돌아오면 "그만 보면 사지가 풀리는, 자신을 어쩌지 못하는, 바이러스에 감염된 미친 심장을 가졌다."처럼 고통이 크면 클수록 황홀도 배가 되는 것을 역설한다. 그리고 화자는 그런 모든 현상, 즉 사랑을 병, 곧 바이러스에 감염된 상태로 본다. 그러나 정말 그럴까? 아마도 저들은 병이 걸린 환자이기보다는 연인, 위의 시는 지독하게 사랑을 앓는 사람들은 갈증 혹은 고독의 주인공들이라는 것을 가장 개별적인 감정으로 드러내 보인다.

머리카락에 껌이 달라붙어 떨어지지 않는다.
떼어내려고 할수록 죽기 살기로 악다구니다.
찐득하게 늘어진 풍경들이 복잡한 터널 속의
가상 시나리오를 따라 목적지 없이 지나간다.

가도 가도 출구는 없고 쇳소리 귓전을 때리고
돌부리에 탄력받은 바퀴는 레일 위를 구른다.
머리의 껌이 붕대처럼 몸을 감아 미라가 된다.

봉인된 누런 껌딱지를 박쥐가 물고 달아나자
이내 둘둘 말린 몸이 풀리며 송진향이 난다.
밤하늘 동동거리며 유영하던 박쥐 주둥이에
붙은 보이지 않는 실이 끝도 없이 늘어난다.

—「집착」, 전문

껌과 집착을 알레고리화 시킨 위의 시는 어렵지 않다. 그런데 화자의 의도는 알레고리 속에서 의미만을 포획하지는 않는다. 화자는 상황의 시공을 뛰어넘어 장면을 전개시키는 것으로 표현의 기교를 획득한다. 생활 속에서 어렵지 않게 만나게 되는 껌과 그 껌의 폐해는 누구나의 상상을 점유하기에 충분하다. 그런데 위의 시는 "머리카락에 껌이 달라붙"은 상황 속에서 "송진향"의 후각과 "쇳소리"로 청각을 소환시킨다. 이는 보이지도 잡히지도 않는 상황 속에서 습격당하듯 사랑의 열정이 생겨나듯이, 그리고 이 사랑에 대한 집착과 갈등 또한 보이지 않는 마음 안 하늘 속에서 일어나는 작용이라는 것을 화자는 껌과 집착의 알레고리로 보이지 않는 사랑의 속성을 보여준다.

유머, 그리고 말맛

엄마, 배불렀어요?
배, 부른 적 없는데,
배부르셨습니까. 배 주인이 묻는다.
배, 안 불렀는데요.

(중략)

배에 기대어 바닷물에 찌를 담근다.

출렁이는 낚싯대가 돛단배처럼 휜다.
낚은 생선은 회를 떠 배 두드리며 먹고
후식으로 배까지 먹고 나니 배가 아프다.
배는 평소보다 두, 세, 배나 볼록하다.
선주는 이 배, 그 배, 저 배 번갈아보며
이제 배부르셨나요?

—「배부르셨나요」, 부분

위의 시에서 배부르다, 는 동음이의어로써 중첩 이미지를 갖는다. 시의 장면은 바다낚시를 나가기 위하여 선주에게 낚싯배를 부르는 장면으로 시작한다. 그러나 이내 화자는 배와 배의 음가를 자유롭게 건너다니며 시상을 전개한다. "출렁이는 낚싯대"는 돛단배처럼 휘고, 낚은 생선은 회를 떠서 "배 두드리며" 먹는다. "배까지 먹고 나니 배가 아프"기도 하고, 배는 "두, 세, 배나 불룩하다" 이렇게 배의 음상은 먹는 배에서 바다에 띄우는 배로, 다시 물상을 상징하는 배는 숫자 개념의 배로 널을 뛴다. 마지막 행에서 화자는 능청스럽게 선주의 이름을 불러와서 "이제 배부르셨나요?"로 가볍게 이 배에서 저 배로 의미를 확장 시킨다.

오늘 살 것을 메모하지. 마트에 가면 빛을 발하지. 나는 메모하는 여자야. 메모하지 않은 것은 어김없이 깜빡하지. 고스란히 놓아두고 돌아오지. 나는 충동구매 안 하는 여자야. 콧노래가 나오지. 나는 계획적이지. 메모하지 않은 것은 알뜰하게도 절대 사지 않지.

모월 모일 선크림이 메모가 되어 있네. 50% 세일 하니 횡재한 기분이지. 집에 와서 살펴보니 유아용이야. 유아용을 얼굴에 발라주어 미안해, 메모에 충실하느라 깨알을 놓쳤어. 요즘은 스치는 번개의 트림도 메모하지. 때로는 꿈 저편으로 달아나는 미르의 잔상도 붙잡지. 입신의 경지야.

—「메모의 달인」 부분

언제부터인지 시 속의 화자는 메모하는 습관이 생겼다. 마트에 가서 장을 볼 때도 절대적으로 메모에 의지를 한다. 화자는 마치 자랑질이나 잘난 척이라도 하는 듯 메모를 잘하는 것에 관하여 의기가 양양하다. 마치 메모가 특권이라도 되는 듯이 콧노래까지 불러 젖힌다. 그런데 이상도 하지 또 언제부터인지 작은 글씨체가 보이지 않게 되었다. 그리하여 화자는 상품에 아주 작게 적혀 있는 글씨는 번번이 내용을 놓치기 일쑤이다. 메모에 의존하고 메모에 의해 돌아가는 일상은 분명히 실수가 없어야 하는데, 그게 그렇게 간단한 문제가 아니다. 어른용 선크림을 유아용으로 사는 실수를 하기도 하고, 메모를 하지 않은 것들은 모두 새까맣게 잊어버리기도 한다. 그러나 화자는 이 모든 행동과 의식들이 사실은 "스치는 번개의 트림도 메모"해야 하는 시간의 속성을 가벼운 유머 코드로 희화한다.

> 고객님, 사랑합니다. 무엇을 도와드릴까요?
> 고객님 얼굴이 곰보인데 제 얼굴은 어떻게 생겼냐구요?
> 밉상은 아닙니다. 재생 불능 콘크리트 팩 보내드릴께요.
> (중략)
> 고객님, 마구 지껄이는 쌍욕이 거슬리지 않냐구요?
> 그럴 리가요 욕설 재생용 이어폰 보내드리겠습니다.
> 헛소리 그만하고 책임자나 바꾸라구요?
> 불쾌하셨다면 사과드릴께요.
> 사과 상자에 꿀밤과 감자도 함께 넣어 보내드리겠습니다.
> (하략)
>
> —「고객 만능시대」, 부분

언제부터 우리에게 고객은 왕이다, 라는 인식이 생겼을까. 일단 고객님, 이라 친절하게 호칭하면서 감자를 먹이고 꿀밤을 주는 이 능청의 감각이 대단히 재미있다. 앞의 행과 뒤의 행이 주거니 받거니 대구를 이루면서 마치 짧은 랩을 부르는 듯이 리듬감이 생생하다. 우선 고객님이라 불리는 대상은 끊임없이 시 속의 주체에게 무엇인가를 요구한다. 그리고 그 요구에 반응하는 주체의 태도는 유연하면서도 대응 서명처럼 말맛의 경쾌함을 넘어선다. 그것은 맞대응의 방법이겠지만, 매우 즉각적이면서도 자기 주도적이다. 제목이 시사하는 「고객 만능시대」는 자칫하면 고객의 요구를 모두 들어주어야 한다는 것으로 읽히겠지만, 기교보다는 표현의 방법을 선택한 시인의 시작법은 모든 행간에 시대의 고충과 애환을 숨겨두었다. 따라서 위의 시는 갑과 을의 관계를 돌올하게 드러내 보이는 현실적인 시다. 따라서 고객 만능시대란, 부당한 갑질을 폭로한 고발적인 시편이면서도 한 편으로는 을의 입장을 대변해주는 당당한 시편이다. 따라서 위의 시편은 철학이나 의미를 넘어서는 자리에서 세상을 어떻게 바라보고 비판해야 하는 것에 관하여 보여준다.

나가며

이상으로 이외현 시인의 시를 읽었다. 그는 대상으로부터 전해지는 개별적인 감정에 전도되지 않으려고 노력했던 시인이다. 따라서 그의 시는 감정의 과잉 노출을 경계하는 것과 동시에 날것의 이미지를 구현한다. 결국 시인이 지향하는 시의 방법론은 동시대의 예술에 대한 재현과 서사를 벗어나는 일일 것인데, 거침없이 사용하는 의성어들과 배제되어버린 수사들의 운영체계는 오히려 인식의 전환과 함께 낯선 감각을 불러 세운다. 이것은 이번 시집의 전체를 관통하는 화두이기도 하면서, 이외현의 무의식 속에서 돌출되는 한결같은 이미지이기도 하다. 이렇게 드러나는 사랑과 냉소와 유머의 감각은 다시 그 언어로 체화되면서 이외현의 신체를 만들었다. 이는 감당하기 힘든 불가능의 현실을 문학, 즉 시로 견뎌내고자 하는 시인의 안간힘이겠다. 필자는 다음의 아름다운 시편 속에서 불가능의 가능성을 보는 복을 누린다.

> 속계의 번뇌와 선계의 환영幻影들이 재단 위에 내린다.
> 연꽃을 품었던 몸이 다 타고 이내 이승이 아스라하다.
> 저승에서 내려온 소나기에 火를 식히고 生을 뒤적인다.
> 마침내 적멸에 든 사리, 연잎에 앉아 염화미소 짓는다.
>
> —「다비茶毘」, 전문